フラワーカフェⅡ

小黒 晃

Index

Introduction

　フラワーカフェの続編です。

　新たに42品目を取り上げてみました。

　まだまだ次々と出会いがあり、キリがありません。同じ品種でも、別の視点だと全く異なってくるものです。どこで生育しているのか、そして、時期や周囲のようす、背景など、どのような条件なのかで印象はガラッと変わります。偏見をなくしていきたいと思います。

　それでは、さらなる未知の扉を開けてみましょう

トロパエオルム・アズレウム

Tropaeolum azureum

コバルトブルーのキンレンカ（ナスターチウム）です。ツル
は１m以上に伸び、花径2〜3cmの花を次々と咲かせま
す。深い海を思わせる色合いで、中心部は白、フウロソ
ウのような可憐な花です。チリ原産の球根植物で、夏
の間は休眠しています。秋から生長が始まりますが、最
初のうちは、なにか糸くずのようなものがからまっている
のではと思うほどです。本当にたよりない姿で、これで
だいじょうぶかと心配になります。それでも、ツルを誘引
してやると、だんだんと植物らしくなり、点のような蕾が
大きくふくらんでくる頃になると、ようやくホッとします。
行灯仕立てが便利で、凍らないようにしておきます。キ
ンレンカと同じノウゼンハレン属なのですが、見た目や
受ける印象は全く違っていて、草姿と花のアンバランス
にも惹きつけられます。乾燥地に適応した形の一つと言
えます。ナスターチウム属というのは、オランダガラシ（ク
レソン）のことで、これに似たカラシ油がとれるので、ト
ロパエオルムにも同じ名前（ナスターチウム）が使われて
います。

屋久島アセビ

リュウキュウアセビ

Pieris japonica var.

アセビは、早春に白い花が鈴成りに咲き、あちらこちらでよく見かけます。常緑性で栽培は容易、庭植え、鉢植えいずれにも向き、日陰でも育ちます。自然樹形でバランス良くまとまり、大きさが手頃なのも魅力です。日本の他、北米、中国などに数種あり、斑入葉や新芽の赤いもの、赤花品種もあります。

リュウキュウアセビは大輪で花穂が斜上し、葉の上に出て咲くのが特徴。一般のアセビは枝垂れるように咲くので見分けがつきます。名前のとおり、沖縄に自生し、近いものに、アマミアセビやヤクシマアセビがあり、亜熱帯の植物のようですが、寒さには大変強く、小淵沢の戸外で全く問題なく元気です。名前にまどわされないようにしたいものです。リュウキュウツツジも同様です。アセビは、漢字で馬酔木と書きます。どんなようすなのか、実際に見たという人はいないのではないでしょうか。馬につく寄生虫の駆除に使われたそうで、草花の害虫防除にも利用できます。

ネオレゲリア
"パッション"
Neoregelia 'Passion'
ネオレゲリア属

ネオレゲリア

Neoregelia

パイナップルの仲間（ブロメリア）には、チランドシア（エアープランツ）、エクメア、クリプタンサスなどがあり、多種多様で、中にはトゲの鋭いディッキアのようなものまであります。似たような種類が多く、まぎらわしいもので、パイナップルはアナナス属に分類され、インコアナナスはブリーセア属です。観葉植物として利用が多く、その中の一つ、ネオレゲリアもポピュラーです。トリカラーを始め、赤葉や黒葉など品種も多く、栽培は容易です。病害虫もほとんど見られず、太陽光から蛍光燈の下まで、幅広く適応し、光の強さで発色が変わり、別の品種のように見えることもあります。ブラジル原産の着生植物なので、用土は、水苔やヤシガラチップなど、肥料分の少ないものが安全です。ロゼットの中心部、葉の間に水を与え、常に水が貯まっているようにしておくのがポイント。タンクブロメリアと呼ばれるもので、大型種になると、1株で500mlの水を貯めるそうです。

14

クラスラ・オバータ（クラスラ・ポーチュラセア）

Crassula ovata

和名は花月で、金のなる木の名前でも流通し、縁起物として親しまれています。（金運アップ？）5円玉を茎に通して売られることもあります。また葉の形が小判のようだとか、南アフリカ原産で、金の産地に自生しているのでこの名がついたとも言われます。5円玉の穴というのは小さいもので、実際にやってみると至難の技です。昔の50円玉が良いようです。多肉質の太い茎で、どっしりとしたたたずまいが感じられ、重量もかなりのものです。大きく育つと3mくらいになります。いくつかの品種や系統があり、花月錦などの斑入り葉や、紅葉の美しい華花月、黄金花月、そして花着きの良い桜花月などです。開花期は12月〜3月頃、短日性で、花着きを良くするポイントは、日によく当て、8〜10月の花芽分化期は、カラカラに乾かしておくことです。

お金にまつわる植物というと、他にも、マネープラント（ルナリア）や小判草などがあります。キャッシュレスの世になったら、どんな名前がつくのでしょうか。

サンセベリア（グッドラックプラント）

Sansevieria

室内観葉植物をしてポピュラーです。トラノオランあるいはチトセランとも呼ばれ、室内の空気清浄に良いということで、一時はブームになったほどです。マイナスイオンを出すとも言われています。幅広い環境に適応し、たまに水を与えるくらいで手がかからず、草姿が安定しているのも良い点です。日射しに強く、また室内の低日照でも育ちます。熱帯アフリカを中心に60〜70種ほどあり、園芸品種も多数あります。トラノオランのようなタイプのものから、丸い棒状のもの、アガベのような形のもの、ドラセナに似たものまで多様で、これがサンセベリア？というようなものもあります。サンセベリアの特徴は、葉挿しができることで、鉢に直挿ししたミニ観葉も出回りますが、これは、しばらく育てていると本来の姿に変わっていきます。また棒状のタイプは、葉挿しすると最初は平たい葉が出てきます。変幻自在で、無機質的な美しさが感じられるサンセベリア。どこか異界の生物のようにも見えてきます。

ペトリエ

カートマニージョー

クレマチス　フォステリー系

Clematis

ニュージーランドのクレマチスの総称で、いくつかの種とそれらの交配種が含まれます。クレマチス属は世界に300種ほど、ほとんどが北半球で、カザグルマ、テッセン、ハンショウヅル、センニンソウなどです。フォステリー系はこれらとはだいぶ異なり、ツルにはならずに、低木状に枝垂れて咲き、開花期は3〜4月、芳香があります。常緑性でパセリのような厚みのある葉なので、クレマチスとは思えないほどです。最もポピュラーな園芸品種はカートマニージョーで、ヘレボラス・ニゲルのような花です。フォステリー系の花の色は、白〜淡黄緑色、清楚で愛らしいのですが、華やかさがないのが欠点とも言えます。色幅などバラエティーが広がれば、第二のヘレボラスになりそうな気がします。この、もしもというのは、他にもキリがないほどありますが、想像力を働かせておくのも悪くないものです。フォステリー系の特徴の一つは雄株と雌株があることです。南半球でどのように進化してきたのか気になるところです。

姫リュウキンカ

Ficaria verna

早春の陽を受けるといっせいに開き、まばゆいほどです。こんもりと密に茂り、次々と花を咲かせます。光沢のある花弁で、小型の割にはインパクトが強く、フクジュソウと同様、春を告げる花を言えます。欧州〜ロシアにかけて広く分布し、変異が多く、園芸品種は40位、一重〜八重、淡黄〜橙黄色、そして大小や早晩性もあり、マヨールのような大型種は、姫とは呼べないほどです。黒葉の品種もいくつかあり、独特の雰囲気が感じられ、花が引き立ちます。コッパーノブは、咲き進むと、黄色から白色に変わりユニークです。中心部は黄色のまま、コントラストがはっきりしています。黄色の色素というのは安定したものと思っていましたが、不思議です。他にはなかなか見当たらないものです。栽培は容易、夏は休眠します。これは、日本のサクラソウと同様で、他の夏草が茂る中、日陰でゆっくり夏休み。優雅な生活のようです。以前は、ラナンキュラス属に分類されていて、現在はフィカリア属。リュウキンカとも異なります。

サカキ

Cleyera japonica

榊と書き、賢木、栄樹とも言われています。神事に使われ、玉串としてよく見る植物です。日本各地に自生し、神社や公園などにも多いありふれた常緑樹で、なんの変哲もないように感じられ、ほとんど目につかないくらいですが、日陰でも育ち、大きさや形が手頃で使い勝手は良いようです。これより小型のヒサカキもよく利用され、切り枝が安価に流通しています。サカキの斑入り品種、トリカラーはカラーリーフとして植栽や寄せ植えなどに利用され、丈夫で手がかからず、刈り込みも自由です。寒地では強い寒風に当てないほうが良いです。サカキ、ヒサカキはそれぞれ別属ですが、種名はいずれもジャポニカです。学名にジャポニカとつく植物はたくさんあり、ツバキ、ワサビ、アセビ、ヤツデ、アオキ、オモトなど、50以上あるようです。中には、利休草（ビャクブ）や、ヒイラギナンテンのように、日本原産でないものでも、ジャポニカになっていたりします。

アリッサム・スピノーサム

Alyssum spinosum

アリッサムの名前で観賞用に栽培されるのは、ほとんど
スィートアリッサム（ロブラリア属）です。園芸品種も多
く色とりどりですが、在来の白花が一番強いようで、こ
ぼれ種子が芽生えて広がり、自然なお花畑になるほどで
す。また、宿根アリッサムの名前で黄花のサクサティレ
もよく利用されますが、これもアリッサムとは別属。それ
では、本物のアリッサムとはどういうものなのでしょうか。
アリッサム属は80〜160種あるといわれ、栽培は非常に
少なく、スピノーサムやモンタナムなどがロックガーデン
などで見られる程度です。生長はゆっくり、2〜3年かけ
てじっくり作りこむと本来の良さが出てきます。低木状に
こんもりと茂り、やさしい花を株いっぱいに咲かせます。
生産、流通面での効率が悪いせいか、なかなか普及し
ません。自分で仕立てるしかないようです。実生と挿し
芽でふやします。アリッサムの意味は、狂気や怒りを鎮
めるということで、狂犬病によく効くといわれています。

ヤブレガサ

Syneilesis palmata

破れ傘です。名前のとおり、そのままの姿をしていて、ひと目で納得してしまいます。北海道を除く山野に広く自生し、変異も多く見られ、新芽が赤味を帯びる紅孔雀や、石化したものもあり、環境や株の栄養状態によって大きさはかなり変わります。四国にはヤブレカサモドキも自生します。山菜として食用にも利用され、他に傘の名がつく植物には、近縁のモミジガサやタイミンガサなどがあります。春の新芽は特にユニーク、繊細な絹毛におおわれ、形はまるでキノコのよう、ヒトヨタケの類を思わせます。妖怪漫画のキャラクターにも使えそうですね。傘といっても、この大きさでは実際に傘の役目にはならないもので、本当に傘になりそうなのは、アキタブキです。直径1.5mにもなるのですが、これは東北や北海道などの北国でのこと、暖地では普通のフキと同じくらいにしかなりません。ところで、ヤブレガサは種子をまくと、一枚の子葉が出ます。双子葉植物なのに、双葉にならず、単子葉のよう、かなり変わっています。

タカサゴソウ

タカサゴカラマツ

タカサゴソウ

Ixeris chinensis ssp. strigosa

高砂草です。名前の由来はよくわかっていません。種子の白い綿毛（高砂の翁）によるのかもしれません。ニガナ（苦菜）の仲間で、山野に自生し、ごくたまに見かけるくらいで、ニガナほどポピュラーではなく、栽培されることもほとんどないようです。花弁数が多く白～淡黄、そしてほんのりとピンクに色づくものまで個体差が見られ、花数が多いことも特徴です。キク科の植物というと、似たような花が多いようですが、そんな中でも本種はひと味違う趣きが感じられる可憐な野の花です。ニガナ類では、葉色が黒紫のクロニガナや、オオジシバリ（地縛り）が栽培されるくらいで、育種も進まず、意外に盲点なのかもしれません。母種は中国のシネンシスということなので、いろいろ試してみたいものです。高砂の名前がつく植物には、高砂ユリ、高砂カラマツ（タイワンバイカカラマツ）など、10種類くらいあり、どれも縁結びが良さそうに聞こえます。

カマシア

Camassia

春咲き球根類の中では大型の種類で、ガーデンでもよく目立ちます。5月の連休中が見頃。花数多くにぎやかで、清涼感もあり、紫水晶の大きな結晶を想い起こしてしまいます。北米西部に数種があり、濃紫から白花、そして斑入葉などの品種もあります。和名は、小型種がヒナユリ、大型種はオオヒナユリですが、ユリとはだいぶ印象が異なります。先住民の呼び名、カマッシュ（クァマッシュ）からカマシアになったそうですが、カマッシュのほうが親しみやすいのではと思います。（スマッシュやスカッシュのようです）秋植え球根で、一度植えたら植え放しで毎年咲き、球根もよくふえます。北米産の球根類というと、他にはブローディア（トリテレイア）など、比較的少ないもので、球根というとやはり、地中海沿岸や南アフリカが圧倒的に多いです。ところで、オオヒナユリという名前、表現が相反する組み合わせです。他にも、オオヒメワラビ、オオチゴユリ、オニマメヅタなど、大きいのか小さいのか、どちらかにしてほしいと思ってしまいます。

ヒペリカム・オリンピカム

Hypericum olympicum

ヒペリカムといっても多種多様。実物として切り花に多く利用されるものから、庭木や造園の植栽に広く使われるもの、そしてハーブティーや薬用になるもの、変わったタイプをしては、ツキヌキユーカリのような姿で硬い葉をつける種類もあります。日本の山野にもいろいろなオトギリソウが高地〜低地まで自生しています。身近でありふれた植物なのですが、その割には注目度が低いようにも感じます。名前が馴染みにくいからでしょうか。ヒペリカム属には300種類位あり、その中の1つ、オリンピカムは比較的古くからガーデン向けに栽培されています。小葉が密生し、低木状にこんもりと茂り、大きな花をびっしりと咲かせるのが特徴。4〜5月開花で花径は5cm位。雄しべが長くかんむりのようで、同属の金糸梅（キンシバイ）よりも目立つくらいです。草丈は20〜30cmと手頃な大きさ。小アジア原産で、和名はトモエオトギリ。暑さ寒さに強く、半常緑性。刈り込みで好みの大きさに仕立てられます。花色や蕾の色の濃淡に多少の個体差が見られます。

カルセオラリア・アルバ

Calceolaria alba

カルセオラリアで代表的なのは、キンチャクソウとその交配種です。大きなスリッパのような袋状の花が特徴。黄、橙、赤がほとんど。カルセオラリア属には400種位あり、中でもユニークなのは、真白い花をつけるアルバです。花径1cm位、丸くコロコロとした花が穂になって咲き、蛍光色なので夕暮れ時には浮き上がって見え、ホタルが群れて飛んでいるようです。ミヨシでは、スノーマシュマロの名前で切り花用に販売したことがあります。(1994年92号カタログ) エディブルフラワーにも良さそうです。木立状に分枝して、細く小さな葉が密生し、大きく育つと草丈は1mになり、小鉢で小さく咲かせることもできます。半耐寒性で、山野草向けの用土が使いやすく、肥料分や有機物の少ない水はけのよいものなら夏越しも容易です。古株や老化してきたものは、挿し芽や実生で更新します。和名はまだありませんが、シラタマソウというのがピッタリです。現在はシレネ・ブルガリスの和名がシラタマソウになっています。

ダルメラ・ペルタータ

アスチルボイデス・タブラリス

Astilboides tabularis

名前はアスチルベに似ているという意味ですが、形は全く異なり、フキのような丸い大きな葉を広げ、葉の中心部に葉柄がつくので、ハスの葉のようです。これは、ダルメラ属も同様です。花のほうは確かにショウマで、今のところ白花だけですが、桃、赤、藤色など色幅がふえれば、面白いガーデン材料になりそうです。一属一種で、中国北部が原産。分類上は、ヤグルマソウ属（ロジャーシア）に近いようです。栽培はアスチルベと同様、容易で、晩霜には注意します。

学名にオイデスとつくものとして、属名ではニンフォイデス（アサザ属）があり、これは水蓮（ニンファ属）に似ているという意味です。種名となると、プリムロイデス（プリムラに似る）、ゲンチアノイデス、アステロイデス、ラナンキュロイデスなど、けっこうたくさんあります。似て非なるということなので、牧野富太郎さんならアスチルボイデスにはショウマモドキの和名をつけるかもしれません。（チダケサシモドキ?）私はハスノハショウマが良いのではと思います。

シレネ　'コンフェティ'

Silene Confetti

シレネとひと口に言っても多様です。ムシトリナデシコ（サクラコマチなど）から、マンテマ類まで、ガクが大きく丸くなるものや、房になって咲くもの、カスミソウのようなアルペストリス（M＆Bフローラ）や苔のような姿のものまであり、シレネの共通点は？と聞かれても困ってしまいます。本種コンフェティは、さらにタイプが異なり、長い穂になり、筒状の花が連なって咲きます。長日性が強いせいか、7〜8月が開花盛期で、側枝も伸びてくるので、秋まで咲き続けるのが特徴です。大きく育つと草丈は80cm位になり、摘心でこんもり咲かせることも可能。小鉢では20cm位で可愛らしく咲きます。原種なのか、ガーデン品種なのか不明ですが、耐寒性耐暑性強くタネで容易にふえる宿根草です。花色の幅が無いようですが、他のシレネと交配できれば面白いのではと思います。シレネ属は、最近分類が変わり、リクニスやビランジ、ビスカリアなども含まれるようになり、ますますわからなくなってきました。

チューベローズ

サマーヒヤシンス

Galtonia candicans

巨大なスズランのような花が穂になって咲き、まとめて群植すると壮観です。春に咲くヒヤシンスとは全く別の植物で、南アフリカ南部原産の球根植物。学名はガルトニア・カンディカンス、日本へは明治末に入り、ツリガネオモトの和名がつけられました。7〜8月開花で、草丈は1m位になり、春植え球根として扱われますが、ガーデンでは植え放しで毎年咲きます。小さな鉢植えでもそれなりに咲いてくれます。丈夫で栽培は容易ですが、分球しにくく、ふやすなら種子をまいたほうが早いくらいです。葉挿しもできます。

南アの球根類には、葉挿しできるものも多く、オーニソガラム、ユーコミスなど、小さな球根がたくさんできます。園芸品種に八重咲きのムーンビームがあり、上向きに花が咲くのが特徴で、見た目はチューベローズ（月下香）のようです。チューベローズも春植え球根で、こちらはやたらと分球して小球がびっしり。数をへらして大球だけにしておかないと花が咲かなくなってしまいます。

ベロニカ・インカナ

スクテラリア・インカナ

Scutellaria incana

タツナミソウ（立浪草）の仲間で、草丈は1m位。やや大型の宿根草でガーデン向きです。真夏の日射しの中、元気に秋まで咲き続け、株立ちとなって、草姿も安定しているので、扱いやすく植え放しで手がかかりません。北米東部が原産で、インカ帝国とは関係なく、インカナというのは灰白色という意味です。

どこが灰白色なのかわからないのですが、他にもインカナと名のつく植物は多く、ベロニカ・インカナの場合は、葉が銀葉でわかりやすく、ヒメトウテイランとも呼ばれます。

スクテラリア属には200種以上あり、赤花のコスタリカナは鉢花として利用され、コガネバナ（バイカレンシス）は、薬用にもなります。いずれも花型に特徴があり、波がしらに見たててこの名前がつけられ、コブラが頭を上げたようにも見えます。北米東部には、フロックス、モナルダ、姫ヒマワリ、エキナセア、ムラサキツユクサなど、おなじみの宿根草が多く、丈夫で育てやすいものです。

ルナリア

Lunaria annua

ドライフラワーとしてよく利用される花で、逆光で見る美しさは別格、数年間は鑑賞できます。いろいろな名前がつけられていて、銀扇草や合田草（ゴウダソウ、合田さんという人の名前です）、マネープランツ、シルバーダラーなど。ルナリアのルナは月です。直径3cm位の平たいさやで、4〜6個のタネが透けて見えます。このさやとタネが落ちたあとの仕切り板のような部分が長く残り、ドライフラワーになります。落ちたさやはうす焼きせんべいのようで、これもなにかに利用できそうです。花は主に赤紫色で、白花は珍しいものです。欧州原産の2年草で、各地に野生化しているものも見られ、耐寒性は強く、4〜5月開花で7〜8月に実になります。秋までにある程度の大きさに育っていないと、3年草のようになってしまうこともあります。アブラナ科というと、十字花で、花はどれも似たような形ですが、実のほうは、細長いものから球状のもの、軍配型などさまざまです。

ヤグラネギ

Allium fistulosum var. viviparym

蕾が出てきたと思っていると、花は咲かずにそこからま
た新しい葉が伸びてきます。2段3段と火の見櫓のような
形になるネギです。種子はできません。栄養系で古くか
ら栽培され、来歴は不明ということです。食用と鑑賞の
両方を兼ね備え、ノビルなどのムカゴとは違うので、ユ
ニークな姿になります。これを段ごとに切って挿しておく
と苗になります。分げつも盛んで株は増えます。比較的
小型なので、ガーデンの混植や寄せ植えにも利用しやす
く、夏ネギタイプで葉が枯れにくいのも良い点です。一
般のネギのように太くはなりにくく、食用には、どちらか
というと、ワケギに近い使い方が良いようです。
サンガイネギ、トップオニオンとも呼ばれ、品種は特にあ
りませんが、最上系、黒川系など、いくつかの系統はあ
ります。他には、ヤグラタマネギというのもあるそうです。
ところで、ヤグラの漢字、櫓には、なぜ魚が入っている
のでしょうか。

イトハシャクヤク

Paeonia tenuifolia

ホソバシャクヤクとも呼ばれ、繊細な葉が密生し優雅な姿です。一般のシャクヤクとは、たいぶ見た目が異なり、葉だけを見ると、コウヤマキか黒松の盆栽のような印象を受けます。花はやはりシャクヤクなので、豪華で鮮やか、一重咲と八重咲があり、早咲きです。シャクヤク類の中では比較的コンパクト、草丈は60㎝以下で、鉢植えだと30㎝位で咲きます。また、立てばシャクヤク、座ればボタンと言われますが、本種は葉が上のほうまで茂るので、座ればイトハシャクヤクと言っても良いくらいです。栽培は、やや難物の部類に入り、高温多湿は苦手。水はけ良く、山野草類のつもりで作る必要があります。エビネやシラネアオイなど、山野草を栽培している人にとっては、簡単だと思います。
欧州東南部、バルカン半島あたりが原産地、ヘレボラスの自生地に近い環境のようです。日本のヤマシャクヤクは、林床などの半日陰が良く、イトハはこれより日照を必要とします。

アラム・イタリカム（アルム）

Arum italicum

神秘的で幻想的、うす紙を広げたような花（苞）です。マムシグサなどのテンナンショウ（天南星）の仲間で、形はミズバショウやザゼンソウのようでもありますが、やはり全く違う印象を受けます。紙風船を連想してしまいそうですね。アンスリウムにこのようなものがありそうです。アラム属は、欧州に広く分布し、26種程あるといわれ、変異が多く、イタリカムの中にもいろいろあります。奥が深く、東アジアのテンナンショウ類と双璧をなすものと言っても良いくらいです。マムシグサはドラゴンアラムと呼ばれるそうです。栽培は容易、ガーデンでも植え放しです。ヘレボレスが育つ環境なら、だいたい大丈夫。落葉樹の下など、腐植質の多い半日陰では大きく育ちます。6月頃に開花し、8〜9月には葉が枯れますが、赤い実がびっしりと着き、アラームのようです。秋になると新葉が出て、冬も青々としていて元気です。草丈20〜30cm、場所をとらずに、わずかなスペースで育てられるのも良い点です。

セントーレア・モンタナ

セントーレア・ギムノカルパ

セントーレア

Centaurea

矢車菊の仲間、セントーレア属には、500種位があり、シルバーリーフのギムノカルパ（ダスティーミラー）や、明るい黄金色でふんわりと優しいイエローサルタンなど多様です。よく似たものが多く、区別がつかないくらいでわかりにくいこともあります。'マジックシルバー'の種名も疑問です。また花型が矢車に似たものは意外に少ないようで、実際にはアザミのような花が多く、中間型もあります。矢車らしく見えるのは、やはりモンタナです。すき間が広く放射状に広がり、花色は青紫、桃、白、複色、そして黒花もありユニークです。日本の野草にヤグルマソウがあり、全く別の種類ですが、葉の形はまさに矢車です。　セントーレア属は、ほとんどがむれに弱く、日当たりと水はけの良い所で育てます。ところで、ヤグルマサワギクというのもあり、別属（マーシャリア）ですが、よく似ています。放射状の花や葉というのは、けっこう多く、普通に見られます。植物が生育するには、都合の良い形状のようです。

ナツユキカズラ

Fallopia aubertii

冬の雪は当たり前ですが、夏でも雪景色のようなものが見られます。白い小花が一面に咲き、雪というよりも、ほとんど吹雪です。フェンスやトレリスにからませたり、棚仕立てやハンギングと、幅広く利用され、公園や庭先で咲いていると、遠くからでもよく目立ちます。中国西部からチベットが原産。ツル性の木本で、5m以上に伸び、分枝が多く開花期が長いのが特徴。暑さ寒さに強く、栽培は容易。新梢開花なので、刈り込みも自由です。今のところ白花だけで、近縁のロシアバインにはピンクもあるそうですが、まだ見たことはありません。タデ科で、以前は、ポリゴナム・オーベルティの学名で呼ばれ、現在はファロピア属に分類され、イタドリなどと同類です。名前が似ているものに、ナツユキソウがあります。白花京鹿の子やセラスチウムの別名で、他にも雪が名前につく植物は多く、雪というのは、本当に身近なものです。初雪カズラ、初雪草、残雪草、雪の下、吹雪花とキリがないほどです。

マツモトセンノウとフシグロセンノウ（後方の花）

マツモトセンノウ

Lychnis sieboldii

シンプルで色鮮やか。遠くからでも目立つ花です。古くから栽培され、なじみ深いのですが、由来や育成の流れがよくわからないようです。江戸時代の品種はほとんど絶滅。ツクシマツモトとエゾセンノウとの交配種にさらに戻し交配が行なわれ、いくつかの品種が作られたと言われています。これとよく似た花に、フシグロセンノウがあり、山野で見かけます。いずれも、木陰でひっそりと咲くようすは風情があって良いものです。白花や桃花は、やさしい雰囲気が感じられます。そんな中で、ショッキングなのが八重咲き品種です。ひと回り大きな花を咲かせ、まるでシャクヤクのよう。斑入りマツモトセンノウの八重咲きとして出回りますが、先祖返りで斑がなくなったものは特に大型、ボリュームがあります。花径は8cm位。八重咲きで花が重たいのですが、茎がしっかりしているので、姿は安定しています。一重咲きのものとは、全く別の種類のように見えてしまいます。

ジャコウソウ

Chelonopsis moschata

日本固有の山野草です。長い筒状の花が段になって数輪づつ咲き、大きなガクは開花後も長く残るので、ドライフラワーとしても利用できます。宿根サルビアと言われても、納得してしまいそうですね。濃桃、淡桃、白があり、9〜10月開花で、白花は6〜8月もポツポツ咲き、ガクが大きくふっくらとしています。学名はケロノプシスで、ケローネ（リオン）に似ているという意味です。ケローネのほうは、ジャコウソウモドキの和名がつけられていますが、それぞれ全く別の植物。科も違うし、花の印象も異なるので、なんでこうなったのかよくわからないものです。また、ジャコウソウといっても、ほとんど香りが無く、これは、ジャコウアオイやイブキジャコウソウも同様です。（かすかに香る？）そもそもジャコウというのがどんな香りのものか、イメージしにくいのではと思います。ジャコウジカなのですが、他にも牛、猫、鼠、そして、ジャコウアゲハもいます。

ボルトニア・アステロイデス

Boltonia asteroides

クジャクアスターの大型種のようで、ボリュームがあります。残暑の中、白い小花が元気に群れ咲き、遠くからながめるとオアシスのように感じられ、ホッとします。8月から9月の開花で、早めに切り戻すと10月に2番花が咲きます。雨でも倒れずに、こんもりと安定した草姿を保つので扱いやすく、むれにも強く、病害虫もほとんど見られません。花壇の背景には便利な素材で存在感もあります。草丈は1〜1.5mになり、摘芯で低く仕立てることも可能。明治時代に、切り花用として導入され、アメリカギクの和名がつけられています。白花の他、青紫もあるそうです。アスター属とほとんど見分けがつかないのですが、さわやかな印象を受けます。アスター属には、アメリカシオンと呼ばれるニューイングランドアスターがあります。ところで、名前にアメリカとつく植物というと、アメリカフヨウなど100種類位あり、中には、アメリカセンノウのような、ロシア原産のものまであります。

アルストロメリア

Alstroemeria

切り花でおなじみ。独特の花型と紋様が個性的です。品種が多くカラフル。他の花や周囲と合わせるのがむづかしいほどで、浮いてしまわないよう気をつけたいものです。斑入りの品種は、葉物として寄せ植えにも利用できます。宿根草なのですが、庭やガーデンで植え放しにして育てられものは限られます。もともとは乾燥地の植物で、高温多湿や寒さに弱く、夏の間は地中で休眠するものも多いので、球根扱いされることもあります。品種によってかなり性質の違いがあります。そんな中で、オーランチアカは特に強くて丈夫。地下茎で広がり、オレンジの花も鮮やかで、ガーデンにはぴったり。地中深くもぐる性質があり、寒冷地でも冬越しできます。日当たり、水はけの良い所で、地表は他の草花でおおわれていても良く、かえってこのほうが、地下部が保護されるので生育が良いようです。アルストロメリアの葉は、表と裏が逆で、ねじれてひっくり返っています。これはウラハグサも同様で、なんのためなのかと思ってしまいます。

アシダンテラ

Acidanthera murielae（Gladiolus）

細身でふくよか。とがった花弁とユニークなもようが特徴で、グラジオラスにはない魅力が感じられ、芳香もあります。しなやかで倒れにくいことも良い点です。原生地は、エチオピア、アビニシア高原です。アフリカ的というか、サバンナ的といっても良いくらいで、インパラの顔を連想させるような花です。

現在の分類では、グラジオラス属に含まれていますが、やはりだいぶ異なる印象です。

夏は冷涼なほうが良いようで、小渕沢のような高冷地の気温が合っています。春植え球根として扱われ、通常は7〜8月に開花。おそく植えたものや小球の場合は、11月頃に咲きます。霜が降りても咲き続け、気温が低いので花が長持ちします。9〜10月は花が途切れやすく、高温では花芽ができないようです。今のところ、色違いとかバラエティがないのですが、グラジオラスとの交配も進められています。アヤメ科の球根類には、ワトソニア、トリトニア、スパラキシス、イキシアなど、似たようなものが多いですね。

ジンジャー（シュクシャ）

Hedychinm coronarium

ショウガとは別属（ヘディキウム属）の植物ですが、ジンジャーと呼ばれます。これは英名のジンジャーリリーが省略されたもので、漢字では仁滋野と書くそうです。（神蛇？）

マリポサとも呼ばれるように、白い蝶が優雅に舞っているようで、切り花の他、香料作物としても栽培され、またエディブルフラワーにもなります。キューバの国花にもなっていますが、原産地は東南アジアです。日本でも、公園などでよく見かけ、植え放しでよくふえます。園芸品種は50以上あります。

大型なので広い場所に地植えするのがベストで、鉢栽培も可能。水分を好むので、腰水栽培が便利です。温水につかっている位のほうが元気で、これはカンナも同様です。夏の夕暮れ時に、香りを楽しむのに良い花ですが、寒冷地の場合は、どうしても、秋以降にやっと蕾が出てくることが多く、ギリギリのタイミングです。皇帝ダリアよりは少しましという程度で、早生の品種ができないものかと思います。

キセワタ

レオノチス

レオノチス・レオヌルス

Leonotis leonurus

晩秋のガーデンでひときわ目をひく花。皇帝ダリアなど
と共に、初冬の彩りに重宝します。草丈は2m前後、豪
快で花壇の背景にもなり、株元には、サツマノギクなど
の野菊類が合わせやすく、バランス良くまとまります。摘
心したり、挿し木苗を利用すると、30〜50cm位で花が
咲き、鉢植えでも楽しめます。

南アフリカ原産で、和名はカエンキセワタ。うぶ毛にお
おわれた鮮やかなオレンジの花で白花もあり、こちらは
神聖な感じがします。耐寒性はマイナス5℃位。関東平
野部なら庭植えでだいじょうぶです。寒地でも、雪の下
で越冬することがあります。日本の野草にキセワタ（レオ
ヌルス属）があり、レオノチスを小型にしたようで耐寒性
も高く、9〜10月開花。桃花と白花があります。このよ
うに、同属でなくても、印象や雰囲気が似ているものを、
気候や場所に応じて使い分けるというのも良いもので、
他にも、タチアオイとシダルセアなど。さがすとけっこう
あるものです。

ドデカテオン

Dodecatheon

聞きなれない、少し変な名前ですが、森の妖精のような愛らしい花で、実物を見ると、ほしくもなるし、育ててみたいという気になるものです。和名はカタクリモドキ、これもしっくりこないようで、なにか良い呼び名はないものかと思ってしまいます。名前のせいでなかなか普及しないのかもしれません。

花の形がユニークで、おちょこになった傘を連想してしまいます。英名はシューティングスター、流れ星ですが、どちらかというとくるくると回りながら落下する羽子とか、または水面につっこむ水鳥のようにも見えます。原産地は北米西部〜アラスカ、15種くらいあり、濃桃〜淡桃、白花、そして丸弁から細弁まであります。冷涼で水分の多い場所を好みますが、栽培は比較的容易で、日本のサクラソウとほぼ同様です。春の開花期まではよく日に当て、その後夏の間は葉が枯れて休眠するので、日陰で乾かさないようにしておきます。じっくりと年数をかけて大株に育ててみたいものです。

オンファロデス

プルモナリア

Pulmonaria

プラナリアの親類のようにも聞こえてしまいますが、早春に咲く青い花には、ハッとさせられます。クリスマスローズと同じ頃に咲き、目の覚めるような鮮やかな色です。品種名はブルーエンサイン。この品種が出てから一気に人気が高まったようです。それまで、プルモナリアはどちらかというと地味な存在。品種は多く、淡青や桃、白色、そしてシルバーリーフもありますがいまいち。また高温多湿や夏の日射しに弱く、育てにくいということもありました。ブルーエンサインは丈夫で夏越も容易、大輪で花着きが良いなど、三拍子以上そろっています。

春の青い花というと、似たような種類にオンファロデス（ルリソウの仲間）があります。すらりとした草姿も魅力ですが、性質はやや弱く、大株に育てるのがむづかしいものです。代表的なのはカッパドキカで、寒地では防寒が必要。ベルナは寒冷地向きです。青い花というのは、時に赤紫色の花が咲いて、あれっ?と思うこともありますね。条件次第のようです。

ビロバ

フォルモーサ

レシュノールティア・ビロバ(初恋草)

Leschenaultia biloba

これほど青い花というのも少ないのではと思います。目
のさめるような鮮やかさで、退色や変色もほとんど見ら
れません。オーストラリア西南部の常緑低木で、大きく
育つと1m位になります。低温短日で花芽分化し、晩秋
から春まで次々と咲き続けます。日当たりの良い所で0℃
以上保つのが長く咲かせるポイント。株は−3℃位まで
耐えます。

レシュノルティア属には、ビロバの他、這い性のフォル
モーサも利用が多く、交配品種は30以上あります。ビ
ロバは青、フォルモーサは、赤、橙、黄、桃、複色と
多彩です。

いずれも初恋草の名前で鉢物が流通します。どこが初
恋なのかよくわからないのですが、最初に売り出した人
がつけたようで、よほどこの花にほれこんだのでしょうか。
5弁のうち3枚が大きく、上下がわからない花です。クサ
トベラ科ですが、ロベリア属に近いようです。挿し木で
ふやし、小鉢でもよく咲きます。開花後は切り戻しをし
ておくのが良く、夏はほとんど生長が止まって、半休眠
状態となります。

オキナグサ

Pulsatilla cernua

花よりも、絹糸のような実のほうが美しく、翁草の名前
のとおりで風格も感じられます。太陽の光でキラキラと
輝くようすは、まるで造り物（芸術作品）のようですが、
同じものを人工的に作るとなると、かなりむづかしそう
です。造花のほうは、どんどん進化していて種類も多く、
本物と見分けがつかないものもあります。本物のほうが、
品種改良で造花に近くなっているのでしょうか。また赤
い実も本物そっくりですが、種子や綿毛のようなもので
は、この自然な質感を出しにくいのかもしれません。綿
毛にもいろいろあり、スモークツリーを始め、クレマチ
ス類、ゲウム類も良く、個性的です。オキナグサで栽培
や流通の多いのは、西洋オキナグサです。大輪でカラ
フルですが、日本のオキナグサのような深い色あいのも
のはないようです。オキナグサは山地のガレ場などに自
生し、八ヶ岳中腹でも見られます。蕾から開花、そして
種子が完全に熟すまでの変化と移ろいが面白く、じっく
りと観察したいものです。

エノテラ

Oenothera

ツキミソウやマツヨイグサの仲間で、雑草扱いされるものから気難しいものまでいろいろ。少し整理しないとわかりにくいものです。

ハーブとして薬用や食用に利用されるのは、主にメマツヨイ（ビエニス）です。そして各地で野生化が見られるユウゲショウ（ロゼア）はどちらかというと名前負け。観賞用としての栽培は、ヒルザキツキミソウが多く、桃花、白花があり、大小や濃淡にかなり変異があります。黄花で昼咲きタイプのフルティコーサ類もポピュラーです。いずれも多年草で、一輪が3日位咲いています。ツキミソウは、一晩だけの幻想的な白花。しぼむ頃にはほんのりとピンクに色づきます。短命な多年草で、気をつけていないと消えてなくなってしまいます。ガーデン向きなのは、草姿のバランスが良いマツヨイグサ（ストリクタ）で、強健な二年草。マクロカルパは花径10cmの黄花大輪種。這い性で、一段高い所に植えると見映えがさらにアップ。他種多様なエノテラ類、上手に使い分けしたいものです。

トリカブト

Aconitum

だれもが知っている有名な毒草で、薬草でもあり（モルヒネの10倍の効果？）、根の部分は附子（ぶし）、烏頭（うず）とも呼ばれますが、実物はというとなかなかわかりにくく、分類もはっきりしていなくて、だいたい300種位といわれています。確かに見た目は区別しにくいものが多く、毒の無い種類もあります。ツル性のハナカズラや、黄花種、そしてレイジンソウとなるとトリカブトのイメージからだいぶ離れるようです。生育地の条件によっても姿はがらっと変わり、崖や斜面では花が横一列に並んで咲き、愛敬たっぷり。電線に止まった小鳥を連想してしまいます。

観賞用として切り花には、早咲きの西洋トリカブトや秋咲きのハナトリカブト（シネンセ）が主に利用されます。2色咲きの品種は、さわやかでハイカラな印象。西洋種・東アジア種の両方にあります。栽培面では、高温多湿に弱く、ややとつきにくい花ではあります。また、山地では鹿も敬遠していますが、ほど良い距離でつき合いたいものです。

モナルダ・プンクタータ

Monarda punctata

モナルダと言えばタイマツバナ。夏花壇の主役にもなり、大きな群落は見ごたえがあります。品種も多く色とりどり。またベルガモットとも呼ばれ、ハーブとしても利用されます。本種は同じモナルダ属なのですが、花よりも苞が大きく広がりユニークな姿が魅力。なん段にもなって咲き、五重の塔のようです。花が終わってもしばらくは形が残ります。花はオドリコソウに似ていて、小さな斑点があり、プンクタータというのは斑点という意味です。他にもホタルブクロ（カンパニュラ・プンクタータ）などにこの名がつけられています。苞が目立つのに、なんでまた花の斑点で名前をつけたのかと思ってしまいます。

比較的短命な多年草で、タイマツバナのような地下茎は出ません。挿し芽や実生で更新していくのが確実です。品種は今のところ無いようです。苞が美しい花として、代表的なのはポインセチアで、他にもドクダミやセイタカダイオウなど多数見られます。それぞれに違う役割りがあるようです。

タンポポ

Taraxacum

な〜んだタンポポか、と思わないでください。身近であ
りふれた花なのですが、わからないことも多く、種類は
60種とも2000種ともいわれています。漢字で蒲公英（漢
名）。これでタンポポ？と思ってしまいます。どう見ても
ホコウエイです。タンポポの名前の由来も諸説あり、茎
を短く切った形が鼓（つづみ）に似ているとか、種子の
綿毛に由来するとか言われています。タンポポの茎は笛
にもなり、水車のような形にもなります。また、野菜とし
て利用したり、根はタンポポコーヒーに、そしてゴムが
とれるゴムタンポポ（ロシアタンポポ）など、奥が深いで
す。高山植物もあります。江戸時代には、30以上の品
種が育成されました。野原で一面に咲くようすは、いか
にも春らしい風景ですが、ほとんどはセイヨウタンポポ。
日本のタンポポとの雑種も多くなっています。観賞用とし
ての栽培は、別属のモモイロタンポポ（クレピス）がほと
んどで、桃花と白花があります。花数が多く華やかです。

アンテリカム

Anthericum liliago

すらりとした草姿で、気品が感じられる花です。英名は
セントバーナードリリー。日本ではまだあまりなじみがな
い花で、苗の流通もほとんど無いようですが、このよう
に埋もれている花は、他にもさがすとけっこうあるもので
す。少しづつでも視野を広げていきたいものです。栽培
は容易、寒さ暑さ、乾燥にも強く手のかからない宿根
草です。根が太っていて、球根のような性質を合わせ持っ
ているようです。多肥・多湿には注意が必要。植物分
類上は、観葉植物のオリヅルランに近いもので、かつて
両者共にアンテリカム科とされたこともあります。アンテ
リカム属には10種ほど、主にリリアゴが栽培され、マヨー
ルは大輪です。他に品種は無いようです。オリヅルラン
属のほうは200種以上、アンテリカムによく似たものもあ
ります。オリヅルランは中斑や外斑のすっきりとした斑入
葉で、室内観葉として使い勝手が良く、折鶴のような小
株が多様垂れ下がり、千羽鶴のようです。花は小さく目
立ちませんが、拡大鏡で見るとまた違った世界が見えて
きます。

クリナム

Crinum

代表的なのはハマユウ（浜木綿）で、暖地の海辺の風物詩にもなり、一句うかびそうです。光沢のある厚い葉は力強く、どっしりとした姿に白い優雅な花が見事に調和しています。浜万年青（ハマオモト）とも呼ばれ、潮風に強く、寒さに気をつければ栽培は容易、鉢植えでなん年も植え放しにできます。この仲間クリナム属には100〜200種位あり、似たようなものも多く、分類もはっきりしていないようです。交雑種もいろいろ。アクアリウムに利用される水生種もあります。観賞用には南アフリカのムーレイやその交配種ポウェリーなどが利用しやすく、耐寒性もあり、寒冷地でも冬に地上部は枯れますが、地中で球根が冬越しして、毎年夏には香りの良い花をたくさん咲かせます。アマリリス・ベラドンナとの交配種アマクリナムもほぼ同じように作れます。ハマユウの種子は大きく、海流に乗ってどこかの島にたどり着くとそこで芽を出して育ちます。ヤシの実同様、物語の始まりのようで、ユメがありますね。

ブルネラ　シビリカ

ツボサンゴ

ブルネラ

Brunnera

ワスレナグサを大型にしたようで、可憐さとたくましさを
合わせ持ち、安心感があります。ワスレナグサのほうは、
小さな愛らしい花が密生し、親しみやすいのですが、ど
こかたよりなく心細いものです。1年草扱いがほとんど
なので、これで良いのかもしれません。冷涼地の水辺な
どでは、自然にふえて群生している所もあり、これはこ
れでなかなか良い風景です。ブルネラは性質が強く、咲
きながら大きく育ち、伸び伸びとした草姿でガーデン向
き、草丈40㎝位になり、大きな葉を広げます。東欧か
らコーカサスなどに3種あり、マクロフィラは栽培が多く、
園芸品種は30位。斑入りやシルバーリーフなど多彩。シ
ビリカには品種はありませんが、野生種そのもの。ブル
ネラが本来持っている自然な良さが感じられます。カラー
リーフとしての育種が進む中、もう一度花の良さを見直
しても良いようです。これはヒューケラも同様で、ツボサ
ンゴの赤い花が群れて咲くようすは印象深く、すてがた
いものです。

Perennial Garden
ペレニアルガーデンの12カ月

• • •

多種・多様な生物の共存

宿根草が中心のペレニアルガーデン、ほとんどのものは植え放しです。これはほったらかしということではなく、現状維持のために手入れは欠かせません。生き物なので、日々変わっていきます。先の先まで見なくてはなりませんが、予想がはずれることも多く、暦を参考にしながら、なるべくゆっくりと育ってくれることを願うばかりです。不耕起栽培というものがあります。自然に逆らわず、無理せずに良い流れを作っていくことで、ガーデンも同様です。多種多様な生物の共存は、複雑でわかりにくく、だからこそ日々新しい発見があるのだと思います。また、暦とは違いますが、1年365日の誕生花というのがあり、記念に植えてみるのも良く、県の花や市町村の花もあるので、地域の特色も出せます。家の回りなら、風水を考慮して縁起物の植物を植えても良いでしょう。花にまつわるものには、花言葉、花占い、花時計や、季語にも多く見られ、人類との関わりは幅広く、奥深いものです。植物による環境づくり、住み心地の良い空間づくりを心がけたいと思います。

ポット苗で購入したタイツリソウ。
来年も咲かせるには？

4月

季節の花　園芸クリニック
第一章

　春の花は、種類が多くてはなやか、目移りしてしまうほどです。そんな中、個性の強さが感じられるユニークな花がタイツリソウです。ハート型をした花が連なるように咲き、弓状に枝垂れるので、ちょうど鯛を釣り上げたような形に見えます。愛らしく、見飽きない花で、昔も今も変わることなく、多くの人に親しまれ、好まれています。ケマンソウとも呼ばれ、これは、仏殿の装飾華鬘に由来します。寒さに強い宿根草なので、一度根づいてしまえば丈夫で手間もかからず、年々大株に育って美事なものです。

　ところが、購入した苗がしばらくして枯れてしまった。あるいは、翌年は小さな葉が出ただけで咲か

ない、咲いても貧弱などといったことが、比較的よく起こります。

　宿根草なので、1年で枯らしてしまったのではもったいないし、本来の良さを発揮できないのは残念です。しっかりと根づかせて、毎年咲かせてみましょう。タイツリソウの性質、1年間の生育サイクルをよく知っておくことが大切です。早春、地面から芽が出たかと思うと、ぐんぐん生長し、4〜5月開花。花と葉が同時に出て、咲きながら大きく生長していきます。

　そして、気温が上がり夏をむかえる頃には葉が枯れて休眠に入り、地中でじっとしています。秋、涼しくなると、地上部がなくても、地中では芽がふくらんできて、翌年の準備が始まります。

　栽培のポイントは、春の成長期は日によく当て、肥料も与え、大きく茂らせることで、新しい根が太

タイツリソウ（ケマンソウ）

くなるようにしておくことです。夏は
とにかく日陰にすること、株をその
まま維持するようにして、水はけ良
く、根腐れしないよう注意してくだ
さい。冷涼地では、夏も休眠する
ことなく生育を続けます。

　春にポット苗を入手したら、早
目に植えつけます。庭植え、鉢植
えいずれでも育てられます。

タイツリソウ（ケマンソウ）

▼庭植えと鉢植え方法

　夏は日陰になる所が適していま
す。落葉樹の下や建物の東側など
を選んで植え付けます。太い根が
深く張れるよう、30cm位耕し、水
はけを良くしておきます。

　春は日当たり、夏は日陰に移動
します。菊鉢など、6号位の鉢が
望ましいのですが、4〜5号鉢でも
小さいなりに花は咲きます。
冬も戸外で、凍ってもかまいませ
ん。暖房の効いた室内に置くと、
低温不足で、春になっても伸びて
きません。

葉ばかり茂って
花が咲かない

5月

愛らしい姿と高貴な香りで、多くの人に好まれる花です。スズランの名前は、例えば、JR中央線の駅名「すずらんのさと」を始め、小淵沢町のスズラン池、そしてスズランの湯やスズラン通り、スズランホール、スズラン号など、広く使われ親しまれています。

名前にランとついていますが、蘭ではなく、ジャノヒゲ（リュウノヒゲ）に近い種類とされています。バラ、ジャスミンと共に香水の代表格であり、人気の花ベストテンにも入るほどです。スズランをデザインしたものもよく見られ、また、スズランエリカ、鈴蘭水仙、スズランノキなど、ほかの花にも名前が使われます。北海道や本州の山野に自生し、群生地も見られますが、栽培や苗の流通が多いのは、主にヨーロッパ産のドイツスズランです。こちらのほうが花つき良く、花も大きくて目立ちます。日本のスズランは、葉のかげにかくれるようにひっそりと咲き、君影草とも呼ばれています。

5月1日はスズランデー。幸せが訪れる花として、フランスではこの日にスズランを贈る習慣があるそうです。身近な所に花を飾ったり、大切な人にプレゼントしてみてはいかがでしょうか。

ドイツスズラン八重咲き

スズラン 実

▼育て方

　スズランは寒さに強い宿根草です。地下茎が長く伸びて広がり、どんどんふえていきます。ところが、御質問のように、葉ばかり茂って花が咲かないということをよく聞きます。栽培のポイントは、日によく当てることです。花つきの良いドイツスズランでも、やはり日陰ではなかなか咲きません。日本のスズランは暑さにやや弱いので、冷涼地向きですが、ドイツスズランは耐暑性もあり、できるだけ日当たりの良い所に植えつけてください。

　根がしっかりと張れるよう、水はけを良くしておくことも大切です。また、地温の上昇や乾燥を防ぐため、株元にバークチップなどをしいておくのも良い方法です。

▼鉢植えの方法

　春にポット苗を入手したら、ひと回り大きな鉢に植え替えてください。4〜5号鉢位が手頃です。庭植えと同様、日当たりに良い所で育てます。夏は二重鉢にして、鉢の側面に直接日が当たらないようにしておくと安心です。

　秋まで葉が元気に残っていれば、10月頃には地中の芽がふくらんで翌年の花芽ができます。鉢植えの場合、芽数がふえて、こみ合ってくると咲きにくくなるので、2〜3年毎に、株分けして、大きな芽だけを選んで植え直しをするのが確実です。

蕾が小さいうちに
枯れてしまい、花が咲かない

6月

立てば芍薬、座れば牡丹。美しい姿や振る舞いをたとえられるように、ボタンと並んで高貴な花の代名格です。シャクヤクの豪華でふくよかな花は、力強く存在感があります。一輪でもボリュームがあり、大株でにぎやかに咲いたようすは、遠くからでも一目をひきます。丸い蕾は、木琴を打つバチのようで、愛敬たっぷり。切り花で室内に飾られることも多く、品種によっては芳香も楽しめます。

シャクヤクは、ボタン科ボタン属（ペオニア）。近縁なので、ボタンの台木として使われ、時折ボタンの株元に葉が出ていることがあります。花は似ていますが、ボタンが落葉低木であるのに対して、シャクヤクは冬期に地上部が枯れる宿根草。太い根が長く伸びるので土作りが重要です。地下部が貧弱だと、地上部が育たず花も咲きにくく

なります。

原産地は中国の東北部。奈良時代に薬草として日本に入ったと言われ、根を乾燥させて利用します。江戸時間には、観賞用の品種が育成され、これらは和シャクヤクと呼ばれ、欧州で品種改良されたものは洋シャクヤクです。近年は両者の交配でさらにバラエティ豊かになり、ボタンとの交配種も作られています。

シャクヤク

▼育て方

蕾が出ない、出ても小さいうちに枯れてしまうという悩みをよく聞きます。対処するポイントは三つ。株作りと施肥、灰色カビ病の予防です。

シャクヤクは、日当たりを好み、広いスペースで伸び伸びと育てるのがベストですが、明るい半日陰やせまい所でもそれなりに花を咲かせることは可能です。根が深く張るので、植える前に堆肥や腐葉土などを混ぜて土をよく耕しておきましょう。

頻繁な植え替えは必要ありません。10年以上植え放しにしても毎年よく咲きます。栄養が不足しないよう、9〜10月には、株の回りに肥料をまいておきます。

次に病害虫対策。多いのは、蕾が途中で黒くなって枯れる灰色カビ病です。他の花でもよく見られる病気ですが、風通しを良くして、株作りや施肥で抵抗力をつけることで防ぐことができます。石灰の施用や株元のマルチングも有効です。また、散った花びらが病気の原因になることもあります。花後は、株養生のためにも、種子ができる前に花の部分を取り除いておきます。

寒い地域なのですが、庭に植えても大丈夫でしょうか？ 7月

アガパンサスは庭先や公園などでよく見かける初夏の花です。立ち姿が優雅で美しく、さわやかな花色も魅力。厚味のある革質の葉が蜜に茂り、安定感と力強さも感じられます。寿命の長い宿根草で、丈夫で手がかからず、植え放しにしていても毎年花が咲きます。しかし、時に花が咲かない、思うように育ってくれないということもあります。ひと口にアガパンサスといっても多種多様。原種は10〜20種ほどあり、園芸品種となると300以上になります。栽培環境とともに、品種の使い分けも大切なので、まず、大まかで良いので特性をつかんでおきましょう。

原産地は南アフリカ南部。日照の多い比較的乾燥した気候です。日本へ入ったのは明治中期で、ムラサキクンシランの和名がつけられました。その後、次々と種類がふえ、近年は日本でも新品種が生まれています。

花壇、鉢植え、切り花と幅広く利用され、草丈20cmほどのミニタイプから、1m以上の大型種まで大小さまざま。花型は細長い筒状やラッパ型、杯状のものまであり、色も青紫をはじめ、桃色や白色、複色など多く見られます。常緑種と落葉種、その中間タイプがあります。常緑種は、半耐寒性で比較的温暖な気候を好み、平地や暖地向きです。一方の落葉種は寒さに強く、寒冷地でも庭植えで育てられます。苗を見るだけでは分りにくいので、ラベルの説明をよく確かめ、地域に合うタイプを選びましょう。不明な場合は鉢植えで1年間ようすを見るのがおすすめです。

いずれも日当たりの良い所で、

アガパンサス

根をしっかりと張らせることが花をたくさん咲かせるためのポイントです。花後には種子が実るので、株養生のために早めに切り取ります。

種子をまくと、個体差が出て時に変わった花が楽しめることもあります。

アガパンサス鉢植えの育て方

　鉢の大きさに合わせた品種選びと、芽数を制限して、ひとつひとつの芽を大きく太く育てることが大切です。限られた用土なので、芽がこみ合ってくると花が咲かなくなります。3年毎くらいに株分けして、植え直しをするのが確実です。芽吹きの少ない、斑入り葉品種の「白晃蘭」などは鉢植え向きです。小型で花着きの良い「シルバーベビー」もおすすめ。寒冷地では、冬期は凍らないよう、室内で育ててください。

お盆におすすめの宿根草　8月

お盆におすすめの宿根草

　お盆の頃に花盛りとなり、切り花として利用される花は盆花とも呼ばれ、代表的なのは、フロックス・パニキュラータ（クサキョウチクトウ）とミソハギです。暑さの中でも元気に咲き、丈夫で育てやすく、庭に植え放しで毎年よく咲いてくれます。

　クサキョウチクトウは、普通オイランソウとも呼ばれ、華やかです。花色は、赤、橙、桃、白、藤色などで複色も多く見られます。特にパラソルのような2色咲きはユニークで目を引きます。バラエティ豊富で、草丈や開花期にも幅があり、好みや用途に応じて選ぶと良いでしょう。一輪の寿命は短いのですが、花数が多く、1ヵ月位は咲き続けます。また、咲き終わった花を切り取ると、その下の側枝が伸びて再び花が見られます。切り花として利用する際は、咲き始めのものが良く、切った後も次々と蕾が開いてきます。

　丈夫で華やかなフロックスですが、一つだけ欠点があり、ウドンコ病がつきやすいことです。葉の表面が白くなり、下葉から枯れ上がるので、花は良くても見苦しいものです。

　品種によっても強弱があり、梅雨期に発病しやすく、真夏の暑い時期になると、ほとんどでなくなります。日当たり、水はけの良い所で、こみすぎないよう、できるだけ風通しを良くしておくことが大切です。市販の家庭園芸用の殺菌剤で早めに防除するのも確実な方法です。

　クサキョウキクトウの仲間、フロックス属は、他にも多くの種類があり、シバザクラもフロックスの

ミソハギ

フロックス パニキュラータ

一種です。4月にはシバザクラ、5〜6月はカロリナやマキュラータ、そして7〜9月はパニキュラータと、フロックスだけでもにぎやかで長く花が見られます。

　もう一つの盆花、ミソハギも庭に植え放しで夏に咲く丈夫な宿根草です。病害虫もほとんど見られず、雨で水がたまるような所でも元気に育つ、水陸両用の植物です。名前の由来はミソギハギといわれ、けがれを払うということで、仏花として古くから利用されてきました。花びんの水に挿しておくと、すぐに根が出てきて、そのまま水栽培で育てることもできます。品種もいくつかあり、6〜9月頃まで開花期の幅も広く、花色の濃淡や花穂の形にも違いが見られます。鉢栽培も容易ですが、一つ注意したいのは水切れです。乾燥すると蕾が枯れてしまうので、受け皿に水をためておくのが確実です。フロックス、ミソハギ共に、種子が落ちて自然に芽生えることもあり、時々変わった花が咲くこともあります。

サルビアの種類と育て方

*9-10*月

サルビアといえば、秋の花壇を彩る真っ赤な花。緋衣草という和名があり、燃えるような鮮やかな色が印象的です。多年草ですが、寒さに弱く冬越しが難しいことから、春まきの1年草として扱われます。同様に、ブルーサルビアも1年草扱いの多年草です。

サルビアの仲間「サルビア属」には、原種だけでも900種ほどあるといわれ、さらに、交配種や園芸品種も多数育成されています。

ハーブや薬用の種類はセージと呼ばれることもあります。近年、いろいろなサルビアが出回るようになり、花壇やコンテナでよく見かけます。色や形、草姿のバラエティがあり、開花期や耐寒性の程度もさまざまです。これだけ違いがあると、なかなか分りにくく、「宿根サルビア」と、ひとくくりにはできないものです。大まかに分けて整理してみま

しょう。まず、半耐寒性の種類です。現在栽培されているほとんどがこれに含まれます。

軽い霜や凍結には耐えますが、マイナス5℃以下に続くようだと冬越しが難しいものです。秋咲きの代表格に、レウカンサがあります。別名アメジストセージ。低木状に育ち、長い穂になってびっしりと咲きます。ビロードのような紫色のガクが長く残るので、ドライフラワーとしても利用されます。

パイナップルセージ（サルビア・エレガンス）は茎葉にフルーティーな甘い香りがあり、ハーブとしても利用。10〜11月には、朱赤の花を株一面に咲かせます。

次に、開花期が長く、6〜11月ごろまで咲き続ける種類。ラベンダーを大きくしたようなラベンダーセージ、澄んださわやかな青花のボッグセージ、濃紫色のガラニティ

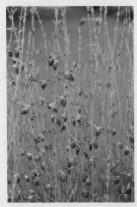

コバルト　セージ

コバルト　セージ

カなどがあり、枝が多く出て、ブッシュ状にこんもりと茂ります。

　いずれも暑さに強く、丈夫で育てやすい種類ですが、寒冷地では、冬季はしっかりと防寒します。夏の間に挿し芽をして、小さい苗を作っておくと、室内で冬越しさせるのに便利です。

▼耐寒性が強い種類

　小渕沢のような寒冷地でも、庭植えで超冬できるものには、秋咲き種で淡青色のアズレアや、濃青色のコバルトセージがおすすめ。草丈が高くなるので、6月頃に刈り込んでおきます。四季咲性のチェリーセージ類も、よほどの寒地でない限り、宿根で毎年咲きます。平暖地では低木状に1年中茂ります。欧州原産のコモンセージ（薬用サルビア）やネモローサは主に初夏に開花。高温多湿のむれに弱いので、水はけと風通しを良くしておくことが栽培のポイント。

庭に植え放しで育てられるのか 10-11月

秋の花壇を華やかに彩るダリア。霜が降りるまで咲き続け、地中にある球根で冬を越し、成長して来年も花を咲かせます。鉢植えや切り花など用途も多く、好みで使い分けることができます。手のひらサイズのミニダリアから、草丈4〜5mにもなる皇帝ダリアまで、花も直径20cm以上の豪華な大輪種や、3cm程度のかわいらしい花をたくさん咲かせる品種など、サイズはさまざま。花型も、八重咲きや清楚な一重咲き、丸いポンポン咲きや、花びらの先が細くなるカクタス咲き、中心部が盛り上がったアネモネ咲きなど、とにかく多彩です。原種のダリアはコスモスのような優しさが感じられます。チョコレートの甘い香りがする'セントバレンタイン'という品種もあります。最近は黒葉系の品種が多くなり、シックで深い味わいがあり、花壇のアクセントとして、また鉢やコンテナの寄せ植えにも利用されています。

ダリアは春植え球根として扱われ、春には球根（イモ）が流通します。その後もポット苗や花付きの鉢物が出回るので、植えつけは春から秋まで、いつでもできます。育てる際は、日によく当て、水はけを良くしておくことが大切。日陰ではひょろひょろして花が咲きにくく、多湿は根腐れの原因になります。ウドンコ病やアブラムシなど、病害虫は早めに防除します。地際の茎にメイガの幼虫が入ることもあり、発見がおくれると、根元からばったりと倒れてしまいます。その場合は挿し木をするのが良いでしょう。残った球根からもまた新しい芽が伸びてきます。

冬は球根を凍らせないよう注意します。地中の深い所は凍らないので、小渕沢のガーデンでは、地

ユニオン　ジャック

チョコレートダリア

表から20cmほどの深さに球根を埋
めそのまま冬越しさせています。平
地なら10cm位でだいじょうぶでしょ
う。落ち葉などを厚くかぶせておく
と安心です。鉢植えは、そのまま
乾燥させて、室内や軒下など凍ら
ない場所に置きます。春、暖かく
なったら植え直しをしてください。

　皇帝ダリアは、木立ちダリアと
も呼ばれ、茎は太くて竹のようで
す。上の方で枝分かれして、たく
さんの花を咲かせ、まさにダリアの
王様です。見上げるような大きな
花ですが、2階の窓から観賞しても

良いものです。性質は強健、耐病
性もあります。とにかく大きくなる
ので、日当たりの良い場所で十分
なスペースを確保することが大切
です。

　日照時間が短くなると花を咲か
せる短日植物で、11〜12月に咲き
ます。皇帝ダリアを片親にした交
配種のガッツァリアは、これよりコ
ンパクトで1ヵ月ほど早く咲き始め
るので、寒冷地でも花が見られま
す。

長く楽しむための
管理、手入れ

12月

冬の鉢花の代表格で、年末年始の飾り物として、また贈答用にも広く利用され、親しまれています。豪華な大輪種から、可愛らしいミニシクラメン（マイクロシクラメン）まで、花の色や大きさ、形にもバラエティがあり、次々と咲き続け、長い間楽しめます。

最近は、より寒さに強く、性質の強いガーデンシクラメンも多く出回るようになりました。コンテナの寄せ植えや花壇の植え込みにも使いやすいので、ハボタンやビオラなどと組み合わせて、冬の庭やベランダを華やかに彩ってみてはいかがでしょうか。葉の色や模様も変化があるので、観葉にもなります。

長く楽しむ管理のポイント

シクラメンは、冷涼な気候でよく生育し、日照を好むので、できるだけ日当たりで育てます。暖房のきいた室内では、ひょろひょろ伸びて軟弱になり、葉が黄色くなって枯れたり、花も咲かなくなります。軽い霜や凍結には耐えるので、12月いっぱいくらいは外で管理します。

1〜2月でも、軒下の壁際は日だまりでは、枯れずに生育することが多く、花も咲きます。地域や環境条件にもよりますが、マイナス5℃以下になるようなら、室内で冬越しさせるのが安全です。（不織布で防寒）

○水やり

シクラメンは葉が密生していて、つけ根の部分に水分がたまっていると、病気の原因になります。特に大輪系の品種は、上から水をかけないことが大切です。性質の強いガーデンシクラメンでは、水はけと風通しを良くしておけば、雨に当てても大丈夫です。

○花がら取り

見ばえと共に、タネをつけないことで、次の花が咲きやすくなります。花茎が残らないよう元から抜き取ります。

○肥料

不足すると花数が少なくなるので、鉢植えのものは、週に1回位、うすい液肥を与えます。

○夏越し

日陰で乾燥というのが基本です。完全にカラカラに乾かして休眠させる方法もありますが、多少湿り気を保ち、葉を少し残しておく半休眠のほうが夏越ししやすいようですので、試してみてください。

原種系のシクラメン

シクラメンには、20種ほどの原種があり、このうちのヘデリフォリウムとコウムの2種は特に寒さに強く、小淵沢のガーデンでも植え放しで毎年花が咲きます。園芸品種とは違ったやさしい風情があり、ナチュラルガーデンにはぴったりです。ヘデリフォリウムは、9〜11月に開花、大きな球根になります。

コウムは早春に咲く小型種。リボンのような愛敬のある花が特徴で、クリスマスローズといっしょに植えても良いものです。いずれも、落葉樹の下など、夏に日陰になる所が適地で、鉢植えで育てることもできます。

原種シクラメン

花壇に植えた　ガーデンシクラメン

冬季の観葉植物の 管理について

1月

観葉植物は、種類が多く、バラエティ豊かです。手のひらサイズのミニ観葉から大型種まで、そして多肉やエアープランツ、水草などさまざまです。丈夫で育てやすいものが多く、ドラセナ類、ゴムノキ、サンセベリアなどがポピュラーで、日陰でも育ち手がかからないので、室内のグリーンとして利用されます。目にやさしいだけでなく、空気の浄化にも役立ちます。

一部の種類を除き、ほとんどは凍らないよう注意が必要で、乾燥気味にしておくのが安全です。サンセベリア（トラノオラン、チトセラン）のような多肉質の種類なら、1〜2ヵ月位は全く水を与えなくても良いくらいです。生長がゆっくりで草姿が安定しているものは管理が楽です。

ツルが伸びるポトスなどの場合は、夏の間に切り戻しをしておくのが良く、水切れに弱いシダ類では、冬期もしっかりと水やりしてください。

観葉と共に花も観葉できるものとして、金のなる木があります。多肉質の葉が小判に似ているとも言われ、5円玉を茎に通したものが流通することもあります。和名は花月で、いくつか品種があります。開花期は12〜3月頃、日照を好むので、できるだけ日に当てて育てます。軽い霜程度なら耐えるので、厳冬期を除き、軒下などの日だまりに置いておきます。多湿には注意が必要で、乾燥気味にしておき、春の生長期はたっぷりと水やりします。

花をたくさん咲かせるポイントは、8〜10月の花芽ができる時期に、カラカラに乾かしておくことです。また、品種によっても、花着の良いものとそうでないものがあります。縁起の良い植物として広く

戸外のグリーンイタリアンルスカス　赤い実

▼戸外のグリーン

親しまれている花月ですが、他にも、ドラセナの一種が幸福の木と呼ばれたり、トラノオランには、グッドラックプランツの別名もあります。

身近な所に飾ってみてはいかがでしょうか。

観葉植物にも、アイビーやハランなど、寒さに強いものがたくさんあります。中でもおすすめは、イタリアンルスカスで、ガーデン内でも植え放しで元気です。光沢のある鮮やかな緑で存在感があり、11～1月には赤い実も観賞できます。草丈は1m位、こんもりと茂り、花材として活け花や花束にもよく使われます。春に株元から新しい芽が伸び、葉が展開すると、前年の古い葉は枯れていきます。日向から日陰まであまり場所を選ばす、乾燥にも強く、手がかかりません。

2月に購入した鉢花について、性質や育て方を知りたい

2月

　クレマチスは種類が多く、バラエティ豊富です。最も多いのは、春から夏に咲くカザグルマやテッセンの類で、交配種も色とりどりです。これらとは全く異なるタイプに、冬咲きや早春に咲くクレマチスがあり、1〜3月頃には鉢花も出回ります。大別すると、ツルが長く伸びるものと、ツルにはならずに低木状で枝垂れて咲くタイプがあります。

◎**ツル性の種類**

　中国西部原産のアーマンディとウロフィラ（アンスンエンシス）が代表的。常緑性で、4〜5m位に伸びますが、小鉢で小さく咲かせることもできます。アーマンディは早春に白い4〜6弁の小花がびっしりと咲き、芳香があります。ウロフィラは鐘型の花を咲かせ、ホワイトエンジェルなどの商品名がつけられ、早咲きで、条件によっては12月か

ら咲き始めます。いずれも前年に伸びた茎の節に花がつくので、夏以降はツルを切らないことが大切。耐寒性はマイナス5℃位まで。寒地では防寒してください。

◎**ツルにならない種類**

　低木状にこんもりと茂り、枝垂れるタイプです。ニュージーランド原産でいくつかの種があり、交配品種も育成されています。これらをまとめてフォステリー系と呼んでいます。常緑性で、パセリのような切れこみの深い厚味のある葉です。コンパクトな草姿で鉢植えに向いていて、庭植えにする場合は、水はけの良いロックガーデンや石組みの間などが適しています。耐寒性は、マイナス5℃位。3〜4月が開花盛期で、2月には温室で育てられた鉢花が出回ります。大輪で白い清楚な花の

カートマニージョー、小輪多花
性のペトリエやピクシーなどがあ
り、いずれも日当たりを好み、乾
燥にも強いのですが、多湿には注
意。用土は山野草向けのものや
多肉植物向けのものが使いやすく、
購入した鉢植えがピートモスや有
機物の多い用土の場合は、夏の
高温多湿で根腐れしやすいので、
開花後はすぐに植え直しをしておく
と安心です。

ツルの誘引と支柱

　ツル性の種類は、春から夏にか
けて盛んに伸びるので、不用な枝
は切りますが、なるべくそのまま伸
ばし、なにかにからませて形を整
えておきましょう。行灯仕立ても良
いものです。フォステリー系は、自
然樹形でもかまいませんが、支柱
をたてて、直立するように咲かせる
とだいぶ印象が変わります。いず
れの種類も挿し木ができます。6月
頃が適期で、小鉢で仕立てると小
さく可愛らしく咲きます。

冬咲きのクレマチス・ウロフィラ

学名について

花にはそれぞれ名前があります。とても覚えきれないほど多く、また、名前も知らない野の花といった表現をすることもありますが、やはり、名無しでは困るものです。名前がわかると安心するし、その花がより身近に感じられます。名前には、日本名（和名）の他、英名、漢名など、それぞれその国の言葉での呼び名があり、日本国内でも、地域によって違う名前で呼ばれることもあります。同じ植物にいくつもの名前があるのは、間違いや混乱のもとになり、これでは不都合ということで、世界共通の名前が作られています。それが学名です。ラテン語で表記され、例えば、ツバキならカメリア・ジャポニカというように、属名と種名がセットになっています。

人間の名字と名前のようなもので、同姓同名はないように作られています。学名を知っているとなにかと便利ではあるのですが、覚えにくいものや、言い間違いをしやすいもの、舌をかみそうなものなどが多く、つい投げ出したくなってしまいます。少しづつ身近なものから覚えていきましょう。すでに馴染みのある名前も多く、コスモス、カトレア、エリカなどは普段よく使っています。また、笹（クサザサなど）は学名でもササ、日本名がそのまま学名になっています。これらは属名で、名字に当たり、エリカといっても、その中に700種以上があります。さらに、流通名や商品名がつけられることもあり、まぎらわしいのですが、基本をしっかりおさえておくと、理解しやすく、間違いも少なくなります。

学名は植物だけではなく、動物、昆虫、微生物にもあり、ヒトはホモ・

斑入り ヤツデ

斑入りサカキ

斑入り ワサビ

サピエンス、鳥のトキはニッポニア・ニッポンです。これらを一つ一つバラバラに見るよりは、グループに分けて順序だてていくと、より分りやすく、全体が見わたせるようになります。マメ科、ウリ科、アブラナ科、シソ科というように、似たものをまとめて、科（ファミリー）というものに分類しています。始めて見る花も、どの仲間かというのがわかると、少しは先が見えてきます。なるほどと納得いくものも多いので

すが、中には実際の感覚とはだいぶ異なるものも見られます。花壇に多く利用されるペチュニアはナス科で、トマトやジャガイモと同類となります。キク科では、キクやヒマワリの他、アザミ、ヨモギ、レタス、ステビアなども含まれます。花を観賞するのに分類は関係ないと言ってしまえばそれまでですが、こんなこともあるという心がまえは、持っておいても良さそうです。

ジャポニカがつく植物

Camellia/ツバキ　カメリア・ジャポニカ

Eutrema/ワサビ　ユートレマ・ジャポニカム

Wasabia /ワサビ　ワサビア・ジャポニカ

Fatsia/ヤツデ　ファトシア・ジャポニカ

Aucuba/アオキ　アウクバ・ジャポニカ

Iris/シャガ　アイリス・ジャポニカ

Pieris/アセビ　ピエリス・ジャポニカ

Skimia/ミヤマシキミ　スキミア・ジャポニカ

Ophiopogon/ジャノヒゲ　オフィオポギン・ジャポニクス

Euonynus/マサキ　ユーオニマス・ジャポニクス

Ardisia/ヤブコウジ　アルディシア・ジャポニカ

Rhodea/オモト　ロデア・ジャポニカ

Cleyera/サカキ　クレイエラ・ジャポニカ

Eurya/ヒサカキ　エウリア・ジャポニカ

Mahonia/ヒイラギナンテン　マホニア・ジャポニカ

Kerria/ヤマブキ　ケリア・ジャポニカ

Keiskea/シモバシラ　ケイスケア・ジャポニカム

Farfugium/ツワブキ　ファルフギウム・ジャポニカム

Leontopodium/ウスユキソウ　レオントポディウム・ジャポニカム

Aconitum/オクトリカブト　アコニタム・ジャポニカム

ニッポニカとつく　植物も多い

ニシキハギはニッポニカ、シラハギはジャポニカ

Primula/ヒナザクラ　プリムラ・ニッポニカ

Primula/クリンソウ　プリムラ・ジャポニカ

Acer/テツカエデ　アーケル・ニッポニカム

Acer/ハウチワカエデ　アーケル・ジャポニカム

Saussurea/オオダイトウヒレン　サウッスレア・ニッポニカ

Saussurea/ヒナヒゴタイ　サウッスレア・ジャポニカ

Ajuga/ジュウニヒトエ　アジュガ・ニッポネンシス

Ajuga/オウギカズラ　アジュガ・ジャポニカ

Salvia/キバナアキギリ　サルビア・ニッポニカ

Salvia/アキノタムラソウ　サルビア・ジャポニカ

Ranunculus/バイカモ　ラナンキュラス・ニッポニクス

Ranunculus/ウマノアシガタ　ラナンキュラス・ジャポニクス

Nippnanthemum nipponicum

(Chrysanthemum nipponicum)/ハマギク　ニッポナンテマム・ニッポニカム

Pulsatilla nipponica/ツクモグサ　プルサティラ・ニッポニカ

ジャポニカは他にもヒメハッカ、テンニンソウ、

センブリ、ヤマジソなど多くあります。

ツバキ‐カメリアジャポニカ

肥料の上手な使い方

　花を育てる時、肥料を与えます。当たり前のようですが、これがむづかしく、実際には、肥料をあげているのに元気がない、花が咲かない、枯れてしまったということもあるかと思います。自然の野山では、だれも肥料をやりません。それでも樹や草は育ち、花を咲かせ、実が成ります。高山の岩場のような、ほとんど土がないような所でも、一面お花畑になるものです。ペレニアルガーデンは原則として無肥料。宿根草は毎年元気に育ち、生育を制限しなくてはならないほどです。来園者からは、本当？という声も聞かれます。では、なぜ肥料を与えるのでしょうか。まず環境や栽培条件の違いがあります。落ち葉や枯れ枝が土になり、養分の循環があれば良いのですが、刈り取ったり、鉢やコンテナで栽培する場合や、作物として収

穫する時には不足してしまいます。また、園芸品種では、本来の良さを発揮するために肥料を欠かせないことも多く、例えば、ノバラは良くても、大輪の園芸品種は肥料不足で花が咲かないということもあります。次に施肥のタイミングで、植えかえ直後や、暑さ寒さ、多湿などで株が弱っている時は逆効果です。他にも、蕾が出てきたからといってつい嬉しくなって与えてしまうと、倒伏したり、草姿が乱れたりしてしまいます。花後にお礼肥を与えて、翌年の花につなげるというのが良く、適期に適量が理想。多すぎると害になります。やや少な目で数回に分けて与えるのが安全で、腹八分目を心がけましょう。

ガーデン無肥料

▼肥料ワンポイント

　園芸売り場には、どれを使ったら良いか、まようほど、さまざまな肥料が並んでいます。肥料とひと口に言っても、有機、無機、ボカシ肥（発酵肥料）、粒剤や液体肥料、品目別に合わせたものなど多様です。バラを育てている方ならバラ専用肥料が便利で、野菜類でも、根菜用、葉菜用、果菜用があり、含まれる肥料成分や効き方の違いによるものですが、必らずこれを使わなくてはならないわけではなく、野菜用でも草花に使えます。使い方次第なので、生育段階や株のようすで変えてみたり、組み合わせても良いものです。肥料を与えたものとそうでないものを比較してみるとよくわかります。活力剤にもいろいろあります。これも多様で、肥料成分も微量含まれますが、規定量に満たないので肥料ではありません。堆肥は微生物によって分解されて始めて肥料分が植物に吸収されます。植物が育つには、水と光と空気が基本。土の状態も大切で、これらをきちんと整えた上で肥料を与えるようにしてください。

「暦読みは園芸上手」

　季節の花が途切れないようにしながら、自然な風景を作り出す。ペレニアルガーデンの目標の1つで、かなりハードルが高く、毎年試行錯誤のくり返しですが、旬の花や話題性のあるもの、新品種なども取り入れながら、安定した景観になるよう心がけています。暦の要素を入れることも、自然な流れを出すのに役立ちます。わが国には、古くから二十四節気というのがあり、今でも暦のうえでは、とよく言われ、立春から始まって夏至、秋分、大寒など、その時々の気候をよく表しています。植物の生育にも大きく関わり、農作業の目安にもなります。これに関連しているのが花暦です。ツクシやフキノトウが出れば、いよいよ春。藤棚にフジの花が垂れ下がり、足下のサツキが花盛りになると、そろそろ夏というように、植物を指標にするのです。

　サクラの開花に合わせて、タネまき、植えつけ、株分けを行うと良いものも多く、桜前線の移動と共に、地域によって時期がずれていきます。ヒナゲシや姫金魚草のタネまきは、ソメイヨシノが咲く頃までに、そして、マリーゴールドなどは八重ザクラの頃が適期です。また、防寒のための冬囲いやしきワラなどは梅やジンチョウゲの開花、樹々の芽吹きのようすを見て取りはずします。おくれると、モヤシのようになってしまいます。秋は、残暑で気温が高くても、ヒガンバナが咲いたら、早めに冬を迎える準備です。一年があっという間に過ぎていくようですが、その時々で、ホッとひと息つくことも多く、ゆったりとした時間の流れも感じられます。

ヒガンバナ

小黒 晃

千葉大学園芸学部卒業　長年、花と関わり、
苗の生産から商品開発、普及に関わる。
NHKのテキストや、ガーデン＆ガーデンを始め、
多くの本や雑誌で花の魅力を紹介。
著書に、いつも花が咲く庭作り、日照条件で
わかる宿根草ガイドブックなど多数。
2022年3月でミヨシ・ペレニアルガーデンを退
職。現在、八ヶ岳南麓原生花保存会のメンバー
として、里山保全活動などを行う

ペレニアルガーデンの12カ月

ペレニアルガーデンに関連のあることを少し幅
広く、また、問いの形式も取り入れながらいろ
いろと考えてみました。答えは一つとは限らな
いものです。そして、また新たな疑問もわいて
きます。それぞれを比べたり応用をきかせたり
しているうちに、植物のほうからなにかを語り
かけてくるような気がします。心を澄まして、植
物の声に耳を傾けてみましょう

原生種ビオトープウォークコースのご案内

大深沢川コースでは、4月上中旬のアズマイチゲ、ヤマエンゴサクから開花が始まり、
続いてニリンソウ、イチリンソウなど、さらに多くのスミレ類、イカリソウ、ホタルカズ
ラ、ジュウニヒトエ、ヒトリシズカなどの春の花から、夏はキツネノカソリ、フシグロ
センノウなど、そして秋には、ツリフネソウ、野菊類、トリカブト、その他多数の原
生種をみることができます。JR中央線の長坂駅より徒歩10分の所に入口のある周回
コースから、日野春駅までの散策コースまで、自然にふれあうことのできる、国蝶オ
オムラサキの自然観察路になっています

関連団体：
一般社団法人 北杜市観光協会　☎0551-30-7866　〒408-0002 山梨県北杜市高根町村山北割3261
清春四季の郷ウォーク実行委員会事務局　☎0551-32-2125
オオムラサキセンター（オオムラサキ自然公園）　☎0551-32-6648

フラワーカフェⅡ

著者　　小黒 晃
制作　　エフジー武蔵
　　　　東京都世田谷区大原2-17-6
　　　　☎03-5300-5757
　　　　https://www.fg-musashi.co.jp/

発行　　2023年8月7日